ARRÊTE D'INTERROMPRE!

ARRÊTE D'INTERROMPRE!

David Ezra Stein

Texte français : Isabelle Allard

Éditions SCHOLASTIC

C'est l'heure d'aller dormir pour le petit poulet roux.

– Viens, mon p'tit poulet, lui dit
son papa. Au lit!

– Oui, papa! Mais n'oublie pas!

– Quoi donc?

– Tu dois me lire une histoire!

– D'accord, dit son papa. Je vais te lire une de tes histoires préférées. Mais ce soir, tu ne vas pas m'interrompre, j'espère.

– Non, papa. Je serai sage!

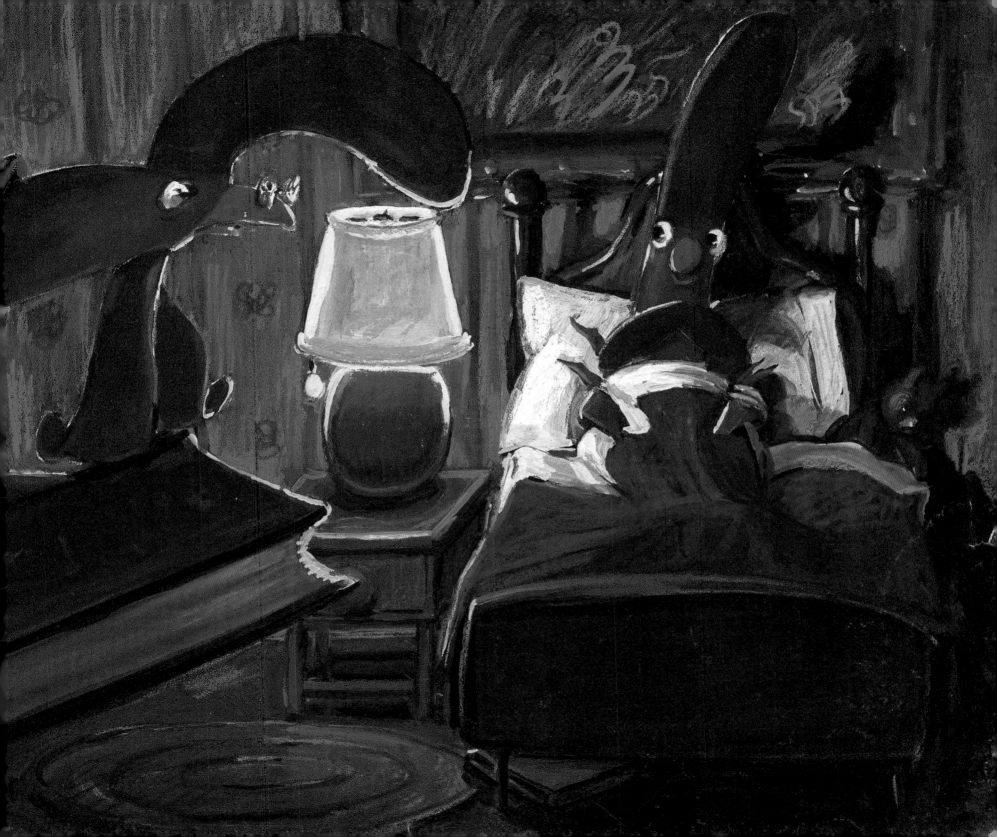

Hansel et Gretel avaient très faim. En errant dans les bois, ils trouvèrent une maison en friandises. *Croutch, croutch, croutch,* ils commencèrent à grignoter la maison. La vieille femme qui vivait là sortit en disant : « Quels beaux enfants! Entrez donc! » Ils s'apprêtaient à la suivre, quand...

Un p'tit poulet roux a bondi et a crié : « N'Y ALLEZ PAS! C'EST UNE SORCIÈRE! »
SOUPE D'ENFANTS

– P'tit poulet?

– Oui, papa...

– Tu as interrompu l'histoire. Essaie de ne pas t'en mêler.

– Pardon, papa. Mais c'était vraiment une sorcière!

– Et toi, tu devrais te calmer pour pouvoir t'endormir.

– Lis-moi une autre histoire. Je serai sage!

«Va porter ce panier de provisions à ta grand-maman, dit la mère du Petit Chaperon rouge. Mais ne t'éloigne pas du sentier. Les bois sont remplis de dangers!» Le Petit Chaperon rouge partit en gambadant dans la forêt. Bientôt, elle rencontra un loup qui la salua. Elle allait lui répondre, quand...

– P'tit poulet?

– Oui, papa...

– Tu l'as encore fait. Tu as interrompu deux histoires,
et tu ne dors toujours pas!

– Je sais, papa, pardon. Mais c'était un très méchant loup!

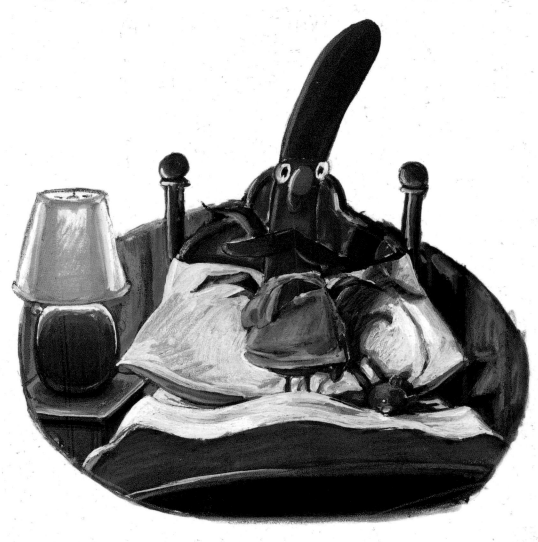

– Oui. Maintenant, recouche-toi.

– D'accord, papa. Lis-moi une autre petite histoire. Je serai sage!

Petit Poulet a reçu un gland sur la tête. Le ciel tombe! pense-t-il. Il est sur
le point d'aller avertir l'oie Rabat-joie, Gaspard le canard et tous ses amis
de la ferme, quand...

- P'tit poulet?

- Oui, papa...

- Tu l'as ENCORE fait.

- Oh, papa! Je ne pouvais pas laisser ce petit poulet s'inquiéter pour un gland! S'il te plaît, lis-moi une autre histoire. Je te promets que je vais m'endormir.

- Mais p'tit poulet, il n'y a plus d'histoire!

- Oh non, papa! Je ne peux pas m'endormir sans histoire!

- Alors, si tu me racontais
toi-même une histoire?
lui dit son papa en bâillant.

- Moi? Te raconter une histoire?
D'accord, papa. Je commence...
Hum...

Il était une fois un p'tit poulet rout qui bordait son papa. Il lui a lu une centaine d'histoires. Il lui a même donné du lait chaud. Mais rien à faire, son papa est resté réveillé toute...

- Bonne nuit, papa.

FIN

Pour Bibi

Un gros merci à Rebecca, Sarah et Ann pour m'avoir aidé à coucher cette histoire sur papier.

Les données de catalogage avant publication sont disponibles.

ISBN 978-1-4431-1643-5

Titre original : Interrupting chicken

Le texte de ce livre a été composé en caractères Malonia Voigo.

Édition publiée par les Éditions Scholastic,
604, rue King Ouest, Toronto (Ontario) M5V 1E1.

5 4 3 2 1   Imprimé en Chine CP139   11 12 13 14 15

Les illustrations de cet album ont été réalisées à l'aquarelle, au pastel soluble,
au marqueur gras, au stylo, à l'encre blanche opaque et au thé.